LE CRIPTOVALUTE

LE CRIPTOVALUTE

LE CRIPTOVALUTE

Parole semplici per definire un mondo complesso.

Giuseppe Ozzimo
01/12/2017

Cosa sono i Bitcoin e le altre valute digitali? Come, quanto e dove investire? Nei paragrafi che seguiranno tenterò di dare risposte semplici a questi interrogativi, guidandovi alla scoperta di questo fantastico mondo che sta rivoluzionando l'economia mondiale.

Indice

LE CRIPTOVALUTE

Ogni singola parola pensata e scritta è frutto della cultura, della sapienza e dei valori che la mia famiglia ha saputo trasmettermi. La dedica va quindi ai miei genitori perché grazie alla loro fiducia, al loro sostegno e al denaro frutto del sudore della loro fronte ho potuto investire tempo e risorse nel mondo che delineerò nelle pagine di questo libro. Potrei scrivere e descrivere di tutto ma sarebbe impossibile trovare le parole giuste per definire l'amore che provo per voi, papà Placido e mamma Carmela. Vi amo.

LE CRIPTOVALUTE

1. IL CONCETTO DI BITCOIN E DI CRIPTOVALUTA.

Ormai da parecchi anni sentiamo parlare i media e il web di criptovalute e in particolare di Bitcoin e anche se in fondo conosciamo in senso lato di cosa si tratta non ci siamo mai chiesti come funziona realmente questo "mondo" virtuale.

La prima criptovaluta comparsa sul mercato fu il Bitcoin nel 2009, il cui inventore, ancora oggi anonimo, è noto con lo pseudonimo di Satoshi Nakamoto. Ad oggi le criptovalute presenti sul mercato sono più di 100 e sono genericamente definite con il termine "altcoin". Tra le più importanti possiamo annoverare Litecoin, Ethereum, Bitcoincash (derivato del Bitcoin), Dashcoin, ecc.

Ma che cos'è concretamente una criptovaluta? Si tratta di una vera e propria moneta digitale la cui produzione non è determinata da alcun organismo centrale ma è gestita direttamente dalla rete ovvero dai singoli utenti che operano all'interno di questo mondo virtuale. Ciò significa che la gestione delle criptovalute non è affidata ad alcun ente in particolare e quindi automaticamente chiunque può produrle e tutti contribuiscono a far crescere o diminuire il loro valore. Cos'è che determina un aumento o una diminuzione del prezzo di una valuta digitale? La risposta è piuttosto semplice: la sua richiesta. Pertanto maggiore è la richiesta di un determinato bene, maggiore sarà anche il suo valore; ad esempio, maggiore è il numero di investitori che Bitcoin attrae, maggiore sarà anche il suo valore nel tempo. Da ciò possiamo capire che i prezzi delle valute digitali possono essere soggetti a sorprendenti oscillazioni, poiché basta un nulla per suscitare l'interesse e la fiducia di tanti investitori e allo stesso tempo basta un attimo, un avvenimento negativo perché tutta la fiducia acquisita vada persa e che quindi vada perso in un istante anche tutto il loro valore.

Dopo aver fatto questo breve excursus sul concetto generale di criptomoneta andiamo a esaminare quella che più ci interessa, ovvero il Bitcoin. Iniziamo anzitutto dicendo che è vero che è possibile per ognuno di noi coniare Bitcoin autonomamente ma è anche vero che non è possibile generarne infiniti in quanto il loro creatore iniziale ha fissato il numero massimo a circa 21 milioni di monete e per poterli produrre è necessario risolvere dei complessi "problemi" matematici (algoritmi), che a oggi solo determinate attrezzature informatiche sono in grado di poter decifrare. L'attività di produzione della criptomoneta viene definita "mining", e consiste nello sfruttare la potenza di calcolo delle varie componenti hardware dei computer o di altre attrezzature predisposte esclusivamente per questa funzione che prendono il nome di ASICs, per decriptare degli algoritmi che stanno alla base dei Bitcoin (ciò vale anche per la maggior parte delle valute digitali e non solo per quest'ultimo). A primo impatto sembrerebbe che tutti potremmo essere capaci di produrre facilmente Bitcoin ma purtroppo non è affatto così. Un tempo, nell'ormai lontano 2009, quando un BTC

(Bitcoin) valeva poco meno di 0,06 dollari, sfruttando la potenza di calcolo di una discreta CPU e di una modesta scheda video era possibile produrre una quantità non indifferente di Bitcoin, tanto che in pochi giorni ci si ritrovava con una somma abbastanza ingente tra le mani. Ora come ora non è più possibile "minare" – è questo il termine utilizzato nella nostra lingua che sta a indicare l'attività di produzione di Bitcoin - facilmente Bitcoin in quanto il progetto ideato da Satoshi N. prevede che maggiore è la potenza di calcolo globale distribuita sulla rete (che in termini tecnici prende il nome di hash-rate) che tenta di risolvere gli algoritmi che proteggono i Bitcoin, maggiore sarà anche la difficoltà per poterli decriptare.

Attualmente è inutile sperare di ottenere Bitcoin facendo solo affidamento sul proprio pc perché anche se fosse il più potente al mondo e se fosse tenuto a lavorare 24 ore su 24 per 365 giorni porterebbe in cassa pochi spiccioli di Satoshi (è questa l'unità di misura che si usa per indicare piccole somme di Bitcoin, come per l'Euro i centesimi) e se poi contassimo le spese per l'energia elettrica consumata otterremmo un bilancio assolutamente negativo.

Ad oggi il metodo più semplice per ottenere Bitcoin, oltre all'acquisto diretto tramite il contante, è il cloud-mining che consiste nell'acquistare potenza di calcolo (che si misura in hash) da aziende che posseggono attrezzature tecnologiche in grado di minare continuamente BTC. Certamente maggiore è la potenza di calcolo acquistata maggiore è la probabilità di avere profitti nel tempo. Si tratta comunque di un sistema molto semplice che non richiede nessuno sforzo da parte di chi lo utilizza: basta acquistare la quantità di hash desiderata da un venditore registrandosi sul relativo portale online (ce ne sono svariati sul web) e poi il gioco è fatto. Da non trascurare è comunque il fatto che un metodo alternativo a questi per ottenere facilmente Bitcoin è sfruttare i cosiddetti "faucet" (rubinetti), i quali sono sfruttabili direttamente dal web (con una semplice ricerca su Google è possibile trovarne diverse centinaia). Questi ultimi rilasciano delle piccole quantità di Bitcoin, ogni qualvolta l'utente compie un'azione prefissata (che può essere anche un semplice click), trasferibili direttamente sui propri wallet. Il rilascio però non è continuo ma in genere avviene ogni due, tre o cinque minuti (in media).

2. BLOCKCHAIN E MINING.

Per registrare i movimenti di valute e quindi le singole transazioni, Bitcoin (e anche le altre criptovalute) utilizza la cosiddetta blockchain, che non è altro che una sorta di registro nel quale vengono trascritti indelebilmente tutti i movimenti della criptovaluta sulla rete globale. Tutti gli utenti possono visionarla e trovarci dentro tutte le transazioni dal 2009 fino ad oggi. Si tratta di un sistema che da affidabilità e sicurezza e che permette, seppur esposto a qualche vulnerabilità, di evitare truffe e furti di Bitcoin poiché da la possibilità di trasferire monete solo a chi ha effettuato operazioni lecite per poterle ottenere. Per capire come funziona la blockchain di Bitcoin bisogna anzitutto dire che per acquistare, scambiare e detenere BTC bisogna essere in possesso di un "wallet" (un portafoglio, in pratica) che si può ottenere direttamente online su svariati siti web, tramite dei software installabili direttamente sul proprio pc o smartphone oppure tramite una componente hardware acquistabile anche su Amazon o altre piattaforme.

Ogni singolo wallet contiene generalmente più indirizzi sui quali è possibile farsi inviare BTC (e che quindi è necessario fornire a un eventuale venditore), una chiave privata (che non può essere in alcun modo decodificata da altri utenti e che quindi non deve essere resa nota) che lo identifica e che è collegata a una firma criptografica (o chiave pubblica). Ogni qualvolta, quindi, si esegue una transazione da un wallet a un altro essa comparirà sulla blockchain e la rete potrà verificare dalla chiave pubblica l'autenticità di un determinato indirizzo e quindi la validità della transazione.

L'intera blockchain è costituita dai cosiddetti "blocchi" e ogni blocco ha il compito di contenere le transazioni fra vari utenti. In media un blocco si aggiunge alla blockchain ogni 10 minuti e le varie transazioni contenute in esso vengono processate e definitivamente confermate tramite l'attività di mining dei vari utenti. Quando uno o più utenti – i miner - risolvono le varie operazioni crittografiche per confermare le transazioni contenute in un blocco ricevono in cambio della loro attività un premio di 25 BTC (se un solo utente partecipa alla conferma di un blocco gli verrà attribuita la totalità del premio, se partecipano più utenti quest'ultimo verrà diviso in parti uguali), premio che si va dimezzando ogni 4 anni (l'operazione di dimezzamento del premio viene definita "halving" e viene messa in atto per evitare che l'inflazione incida negativamente sul valore dei BTC nel tempo). Il tempo minimo di conferma di una transazione è di 10 minuti ma in genere perché una transazione venga processata e venga identificata definitivamente come "lecita" occorrono in media 60 minuti in quanto si richiede che la rete e quindi più miner confermino questa per 6 volte per ragioni di sicurezza. Da questo possiamo comprendere come l'attività dei miner sia essenziale per il funzionamento di tutto il sistema dei BTC, tanto che non è solo un modo per accaparrarsi delle monete ma anche per dare linfa, sicurezza e funzionalità all'intero mondo della criptovaluta.

Altra importante funzione all'interno della rete BTC è svolta dai "nodi" ovvero da tutti quegli utenti che sulle loro piattaforme contengono l'intero registro blockchain e che quindi svolgono un importante compito di controllo della "liceità" di tutte le transazioni. Automaticamente nessuno potrà forzare il proprio wallet BTC assegnandosi monete a suo piacimento oppure potrà mai riutilizzare due o più volte una somma di monete già spesa tramite un qualsivoglia sistema di hackeraggio in quanto uno o più nodi si opporranno e quindi rifiuteranno questa operazione. In sostanza un nodo è un sistema che controlla ogni transazione e la include in un blocco, ogni singolo movimento sulla blockchain, tutte le attività di mining e verifica che questi siano in linea con le regole dettate da Bitcoin. E' importante, quindi, l'esistenza di una pluralità di nodi per garantire l'assoluta sicurezza di tutta la rete in modo che, se uno o più nodi impazziti decidono, ad esempio, tramite un qualsiasi sistema di attribuirsi delle monete in modo illecito, ci saranno sempre altri nodi che verificheranno la scorrettezza dell'operazione e quindi non l'approveranno.

3. IL CLOUD-MINING E LE MINING-POOL.

Il cloud-mining è sicuramente l'attività che al momento suscita maggiormente l'interesse di chi vuole investire all'interno del mondo del BTC e delle altre criptovalute.

Come ho già detto nelle pagine precedenti, a causa dell'elevata difficoltà che si riscontra nel decriptare gli algoritmi che stanno alla base delle varie criptomonete, molti investitori e molte aziende hanno dato vita a dei veri e propri data center costituiti da una serie di attrezzature tecnologiche all'avanguardia predisposte esclusivamente al mining di BTC e di altre valute digitali. In pratica bisogna immaginare delle strutture, che vengono definite "mining-farm", più o meno grandi, al cui interno operano, 24 ore su 24 e per 365 giorni all'anno, strumenti tecnologici creati ad hoc per l'attività di mining. E' necessario però precisare che molto spesso queste strutture sono dislocate al dì fuori dell'Europa e in particolare in luoghi dove l'energia elettrica viene fornita a prezzi piuttosto bassi e anzi nella maggior parte dei casi sono alimentati in toto o in parte da fonti di energie rinnovabili.

Il modo in cui funziona il sistema del cloud-mining e quindi delle mining-farm è piuttosto semplice: queste ultime mettono a disposizione degli utenti la potenza di calcolo delle loro tecnologie tramite dei contratti di 1 o più anni e gli utenti possono acquistarne una quantità a loro piacimento investendo una determinata somma di denaro. L'utente, dopo aver portato a termine l'acquisto, non dovrà essenzialmente muovere un dito se non andare a verificare giorno per giorno che gli sia stata accreditata la somma di BTC o di altre criptovalute sul suo conto. La cosa maggiormente interessante è che è possibile tra l'altro calcolare matematicamente la quantità di criptovalute che è possibile guadagnare giornalmente tramite dei portali presenti sul web. Basta inserire in un apposito form il numero espresso in hash di potenza di calcolo di cui si dispone, le eventuali spese giornaliere per il mantenimento dell'utenza che variano da fornitore a fornitore e che comunque sono generalmente basse e il calcolatore restituirà in automatico la quantità approssimativa di monete che è possibile guadagnare nel tempo. Bisogna però ricordare che è pur sempre un calcolo approssimativo e che il risultato potrà variare in base all'aumento o alla diminuzione della quotazione di mercato della criptovaluta, all'incremento o al decremento della difficoltà di mining e in base alle oscillazioni dell'hash-rate.

Per minare le varie criptomonete, le mining-farm si appoggiano alle cosiddette "pool" (tradotto nella nostra lingua, "piscine") e in alcuni casi offrono la possibilità ai miner di scegliere all'interno di quale pool concentrare la propria attività. Ma cosa sono le pool? Bisogna immaginarle come delle enormi stanze in cui miner di tutto il mondo si uniscono mettendo a disposizione la loro potenza di calcolo per minare le varie criptomonete. Di conseguenza ciascuna pool avrà un determinato hash-rate dato dalla somma degli hash di potenza di cui ciascun miner dispone. Nel momento in cui i miner, che agiscono all'interno di una pool, risolvono un determinato blocco di transazioni ricevono la famosa ricompensa per la loro attività (per il mining di Bitcoin la ricompensa attualmente è fissata a 25 BTC, per Litecoin a 50 LTC, ecc.) che generalmente viene ripartita in base al contributo che questi hanno dato per risolvere i calcoli matematici che stanno alla base del blocco. E' facile quindi intuire che maggiore è il contributo dato in termini di potenza di hash da parte del singolo miner, maggiore sarà la sua ricompensa all'interno della pool. E' facile anche intuire che maggiore è l'hash-rate di una pool maggiore sarà anche la quantità di blocchi che essa esaminerà in tempi brevi, ma è anche vero che un hash-rate elevato all'interno di una pool fa si che vi siano più miner e che quindi potenzialmente la ricompensa andrà divisa in più parti. Pertanto, in via definitiva se avessi la possibilità di scegliere in quale pool concentrare la mia attività di mining quale dovrei scegliere per avere maggiori profitti? Quelle che registrano un hash-rate più alto o quelle che fanno segnare un hash-rate più basso? La risposta non è per nulla scontata, anzi non credo vi sia una risposta definitiva e certa a questo interrogativo. In linea di massima e in via del tutto teorica mi limito a dire che le pool che fanno registrare un hash-rate basso permettono al singolo miner, ovviamente in base al suo contributo in termini di hash di cui dispone, di avere maggiori ricompense ma impiegano più tempo per trovare blocchi e per risolverli, mentre per le pool che hanno un elevato hash-rate, come già detto prima, succede il contrario. Sulla base della mia esperienza, però, posso suggerire di puntare sulle pool che presentano hash-rate considerevoli se si dispone di una potenza di calcolo rilevante in quanto in questo momento sono quelle che mi hanno garantito maggiori profitti nel lungo periodo. Ci tengo a ribadire che è inutile tentare di fare calcoli perché in gioco ci sono così tanti fattori che è impossibile ricondurre il tutto a un calcolo matematico semplice, piuttosto credo sia più produttivo sperimentare varie combinazioni e quindi soluzioni differenti e affidarsi a quella che rende di più.

I dati delle varie pool di BTC, LTC, ETH, ecc. sono consultabili online e addirittura è possibile per il singolo utente unirsi ad una pool tramite dei software o dei portali rintracciabili sul web, indipendentemente dal cloud-mining, per minare singolarmente la criptovaluta che preferisce (esistono più pool per ogni singola criptomoneta, per il mining di BTC le pool più gettonate sono, ad esempio: AntPool, ViaBTC, SlushPool, F2Pool, ecc.), o ancora in alternativa è possibile minare autonomamente al di fuori delle pool ma di certo è impossibile pensare di avere buoni guadagni soprattutto se ci si focalizza sulle monete più gettonate in quanto la tecnologia in possesso di noi "comuni mortali" non ci permette di ottenere risultati che si possano definire soddisfacenti. In un solo caso la tecnologia in nostro possesso può darci dei guadagni discreti, ovvero dedicandosi al mining di nuove monete, che presentano una bassa difficoltà e che molto spesso hanno una bassissima quotazione di mercato. Magari, almeno inizialmente, i guadagni non saranno proprio soddisfacenti in quanto si limiteranno a qualche centesimo ma non si sa mai che un giorno la quotazione salga vertiginosamente come successo per BTC. D'altronde bisogna essere soltanto fortunati e capaci di valutare i progetti e le soluzioni pratiche che i vari ideatori di criptovalute propongono, che sono facilmente consultabili sui siti web ufficiali di ogni singola moneta digitale esistente.

4. WALLET E TRANSAZIONI.

L'unico modo per poter detenere BTC e altre criptovalute è quello di avere un wallet dove questi possono essere depositati. Esistono wallet per ogni singola criptomoneta ed è molto importante verificare, quando si ricevono BTC o altre valute, che il proprio indirizzo sia in grado di poter ospitare quel determinato tipo di moneta. Nello specifico, non sarà mai concesso ricevere BTC su un wallet che può contenere solo Litecoin o Ethereum, quindi è essenziale essere a conoscenza di quale criptovaluta può contenere il vostro wallet. E' possibile che un singolo wallet possa ricevere vari tipi di monete (questo succede soprattutto nei wallet online) ma ciascuna moneta avrà all'interno del wallet il proprio indirizzo. Pertanto quando si andrà a ricevere una somma di BTC sarà necessario fornire il proprio indirizzo wallet di BTC, se si tratta di LTC bisognerà fornire l'indirizzo LTC e così via.

Come detto in precedenza, esistono vari tipi di wallet: online, software e hardware; ognuno di essi presenta delle peculiarità. I wallet online sono quelli più gettonati dagli utenti, in quanto il loro utilizzo è molto semplice e intuitivo e bastano pochi passi per poterli rendere operativi; i wallet-software funzionano in maniera un po' più macchinosa in quanto anzitutto richiedono, al momento dell'installazione, la sincronizzazione con la blockchain a partire dal 2009 fino ad oggi ed è semplice immaginare quanto lunghi siano i tempi perché l'operazione possa giungere al termine; i wallet-hardware sono invece dei supporti, simili a delle chiavette usb, che permettono di conservare le proprie criptomonete in modo sicuro, su un oggetto fisico e anch'essi sono facilmente utilizzabili anche dagli utenti meno esperti.

Per quanto riguarda la sicurezza generale di questi tipi di wallet sicuramente quelli più esposti sono i web-wallet, in quanto basta che il fornitore del servizio registri sui propri server le chiavi private dei portafogli dei vari utenti in modo che in qualsiasi momento possa rubare il contenuto di essi. Più o meno lo stesso discorso vale per il wallet-software poiché un'applicazione malware installata sulla piattaforma dove è presente il wallet può in qualsiasi momento accedere alla chiave privata di quest'ultimo. Mentre sicuramente più sicuro è il wallet-hardware, poiché anche se comunque esposto all'azione di malware e virus, si può evitare che questo sia connesso al pc continuamente diminuendo la probabilità di essere intaccato. E' molto importante segnalare, però, il fatto che molti wallet online hanno dei sistemi di sicurezza all'avanguardia contro qualsiasi forma di ackeraggio e quindi garantiscono un servizio affidabile ed efficiente. Il modo per scegliere al meglio il vostro wallet è quello di rimanere sempre informati e documentati sull'affidabilità e la sicurezza dei vari prodotti. Se non si è esperti nel campo basta affidarsi ai feedback che i vari utenti lasciano sul web per determinare se un certo servizio è sicuro o meno.

Generalmente l'apertura di un wallet non ha un costo, ma è importante sapere che la maggioranza dei wallet vi chiederà delle commissioni da pagare sulle transazioni e se vi offrirà anche la possibilità di acquistare criptomonete tramite contanti o altre valute digitali, saranno applicate delle "tasse" più o meno elevate a secondo della piattaforma scelta.

Rimanendo sempre in tema di wallet è necessario sapere cosa accade nel momento in cui si spostano criptomonete da un portafoglio all'altro. Immaginiamo di spostare una qualsiasi somma di BTC da un wallet a un altro. Si sa che, in media, la rete per confermare almeno una volta una transazione di BTC impiega 10 minuti e perché la transazione sia confermata definitivamente, poiché servono 6 conferme, impiega 60 minuti. Questo tempo, però, è variabile. E quindi da cosa dipende questa variabilità? Anzitutto specifichiamo che ogni wallet, quando si andrà a fare una transazione, offre la possibilità di apporre delle "fee" ovvero delle donazioni, di cui è possibile determinarne in autonomia l'entità, che andranno a tutti i miner che opereranno per confermare la transazione. Maggiori saranno le fee apposte a una transazione maggiore sarà la velocità con cui i vari nodi la includeranno in un blocco e minore sarà quindi il tempo in cui verrà processata. Bisogna tener conto anche del fatto che se la cifra spostata è una cifra di piccole dimensioni basteranno poche conferme per approvarla, non più 6 ma in alcuni casi ne basterà anche una sola e quindi anche se alla transazione verranno apposte delle fee basse c'è probabilità che impieghi comunque un tempo considerevole per essere inclusa in un blocco ma anche che impieghi poco tempo per essere confermata.

Il consiglio più importante è quello di includere nelle transazioni che comprendono cifre rilevanti di criptomonete delle fee adeguate se si vuole evitare di vedere bloccata la transazione per lunghi periodi di tempo.

5. UN MODO SEMPLICE PER OTTENERE BITCOIN E ALTRE CRIPTOMONETE (OCCHIO ALLE TRUFFE!).

Forse il titolo di questo paragrafo potrebbe trarre in inganno tutti quelli che sono alla ricerca bramosa di un metodo semplice, veloce e costo zero per ottenere BTC e altre valute digitali. A oggi metodi più o meno leciti per ottenere valute digitali in modo facile e gratuito non ne esistono e tutti richiedono almeno un investimento iniziale. Il metodo più immediato è quello di acquistare direttamente la criptovaluta che si preferisce o tramite gli exchange online o tramite i servizi che offrono gran parte dei wallet sul web (che si appoggiano pur sempre a degli exchange) oppure presso dei singoli utenti che vendono monete digitali in cambio di denaro reale. Tutte e tre le opzioni presentano dei rischi, come d'altronde tutti gli altri metodi per ottenere denaro digitale. Non pochi sono ad esempio i portali web che promettono cloud-mining a basso costo, senza alcun tipo di commissione e che poi in realtà si rivelano dei "fake" che rubano denaro. Allo stesso modo innumerevoli sono gli utenti e gli exchange che convincono gli acquirenti di vendere criptomonete ma che poi in realtà, una volta ricevuto il pagamento, danno vita a un infinito vocabolario di problemi per cui non è stato possibile inviare la somma di monete richiesta. Pertanto è essenziale, indispensabile e necessario affidarsi a servizi collaudati, che hanno la maggioranza assoluta di feedback positivi e che posseggono un'identità ben delineata. Mai affidarsi a tutti coloro che promettono criptovalute a prezzi irrisori e ai singoli utenti che propongono di farsi inviare denaro direttamente tramite ricariche postepay e quant'altro – a meno che non risulta certificata l'identità e l'affidabilità del soggetto in questione -. Molto spesso per la propria sicurezza è meglio spendere qualche euro in più piuttosto che rischiare di finire derubati del proprio denaro.

Una volta verificata l'affidabilità del venditore è possibile concludere il proprio acquisto indicando l'indirizzo di ricezione del vostro wallet e versando la quantità di denaro richiesta. Possedere delle criptovalute sul proprio portafoglio significa fare trading vero e proprio, poiché il valore della moneta posseduta varierà in base a quella che è la quotazione di essa sul mercato. Facendo un esempio pratico: consideriamo che il giorno "x" acquistiamo 1 BTC al prezzo di 50 € e lo depositiamo sul nostro wallet; il giorno "y" il valore di 1 BTC sale da 50 € a 500 €, quindi se questo giorno andremo a convertire quel BTC acquistato in euro ci verranno accreditati 500 €. Come è possibile convertire i BTC o altre criptomonete in euro? O tramite gli exchange (di cui bisogna verificarne l'affidabilità) e quindi fornendo eventualmente l'iban della propria carta di credito; o tramite uno scambio diretto con una persona per cui invieremo la somma di BTC sul wallet dell'interessato e ci faremo inviare il pagamento tramite un qualsiasi metodo; oppure molti wallet online permettono di usufruire di un servizio di scambio, per cui basterà registrare, sul portale del wallet dove deteniamo la somma di criptomonete, la propria carta di credito e poi seguire le procedure per il cambio.

E' questo il metodo che permette di esporre al minimo rischio i propri investimenti che saranno in ogni momento nella propria completa disponibilità, per cui in ogni istante è possibile decidere se mantenere la cifra in criptomonete oppure se convertirla in denaro reale. E' un ottimo metodo per fare trading ma è necessario monitorare giornalmente l'andamento del mercato per decidere il momento giusto in cui acquistare o vendere (anche se concettualmente non è questo il modo corretto di operare con le crypto). Non bisogna mai dimenticare che il valore delle criptovalute è in continua oscillazione per cui basta perdere di vista un attimo i propri investimenti che ci si può trovare con un nulla fra le mani.

6. LITECOIN: TUTTO QUELLO CHE C'E' DA SAPERE.

Merita sicuramente un cenno fra le varie criptovalute il Litecoin (LTC) per la rapida crescita che lo sta investendo.

Litecoin nasce nell'Ottobre 2011, inventato da un ex dipendente Google che di nome fa Charles Lee e il suo modello base si ispira per molti aspetti a Bitcoin.

Come per Bitcoin anche Litecoin si affida a una blockchain per la registrazione dei vari movimenti della moneta, le modalità di mining sono più o meno analoghe a quelle del BTC, la sua produzione non è affidata ad alcun ente centrale e nel complesso il suo funzionamento differisce dal Bitcoin solo per pochi aspetti, seppur rilevanti. Sono 2 le differenze più significative e che rendono Litecoin addirittura più pratico e migliore di Bitcoin: è prevista per Litecoin una coniazione di monete pari a 84milioni (per Bitcoin solo 21milioni) e poi Litecoin mira a elaborare un blocco ogni 2,5 minuti (Bitcoin invece elabora un blocco ogni 10 minuti) e ciò significa una maggiore velocità nell'accettazione delle transazioni.

Probabilmente Litecoin è nato anche per colmare una delle più pesanti lacune che

Bitcoin possiede, ovvero la lentezza delle transazioni.

E' vero che il LTC possiede queste importanti prerogative che lo rendono forse più all'avanguardia rispetto ad altre criptomonete ma è anche vero che l'attività di mining di LTC risulta essere assai più complessa rispetto a quella di altre valute digitali – mi limito a rilevare soltanto questo dato di fatto senza scadere in noiosi e incomprensibili tecnicismi per spiegarne il perché -. Attualmente un LTC vale sul mercato intorno ai 100 € e solo nel 2017 ha rilevato una crescita del 2000%. Un salto di qualità enorme e la strada che sta percorrendo è molto simile a quella che Bitcoin ha percorso nei suoi primi anni di vita.

Se vi state chiedendo come si faccia a ottenere Litecoin, la risposta è molto semplice: i metodi di ottenimento sono analoghi a quelli utilizzati per il BTC ma bisogna fare delle precisazioni. In tema di mining, pochi sul web offrono cloud-mining di LTC, ma in quei pochi casi in cui viene concesso le somme da investire sono sproporzionate rispetto alla quantità di LTC che si guadagnano – capita che investendo 500 €, in un anno, se il valore rimane approssimativamente quello attuale, ci si troverà in mano 300 € e quindi di meno rispetto alla cifra inizialmente investita. Non bisogna trascurare però che se si reputa che il valore possa crescere nel lungo o nel breve termine, investire nel mining può essere produttivo perché è vero che attualmente quanto investito è di più di quanto effettivamente si può guadagnare ma è anche vero che se il suo valore cresce maggiore sarà anche il valore acquisito dai Litecoin ottenuti tramite il mining. D'altronde ci sono tutti gli elementi per pronosticare una crescita vertiginosa del Litecoin ma bisogna comunque andarci cauti.

Altro metodo per poter investire sulla crescita di valore del LTC è quello di acquistarne tramite denaro reale un determinata cifra per poi lasciarla fruttare sull'apposito wallet e questo attualmente è il metodo meno rischioso in quanto in caso di una perdita di valore le somme di LTC possono essere riconvertite rapidamente in euro al tasso corrente o in altre criptovalute.

E' sicuramente una valuta che merita attenzione per la sua praticità e per questo, essendo che il valore ogni giorno è in crescita, chiunque voglia investirci può approfittarne ora prima che sia troppo tardi.

7.   L'INNOVAZIONE PORTATA DA ETHEREUM.

Altra criptovaluta di fondamentale importanza per l'innovazione che ha portato con sé è indubbiamente Ethereum (ETH), inventata da un programmatore e scrittore russo, Vitalik Buterin, nel febbraio del 2014. Il progetto idealizzato da V. Buterin ha raccolto un'infinità di consensi tanto che nell'ultimo anno il valore della moneta ha registrato una crescita del 5000%, circa.

Il funzionamento di Ethereum è molto simile a Bitcoin e ad altre criptovalute in quanto anch'esso si basa su una blockchain, può essere contenuto in degli appositi wallet ed è quindi possibile effettuare mining e scambiarlo con altri utenti.

La differenza sostanziale tra Bitcoin ed Ethereum sta nel fatto che quest'ultimo può essere utilizzato non solo per effettuare pagamenti ma anche per eseguire i cosiddetti smart-contract (contratti intelligenti). Uno smart-contract è un vero e proprio contratto scritto in linguaggio informatico che funziona all'interno della blockchain di Ethereum. Questo contratto esegue automaticamente le istruzioni che gli sono state date in fase di programmazione e per poter funzionare ha bisogno della potenza di calcolo della rete. Chiunque esegue mining di ETH di conseguenza non fa altro che favorire l'esecuzione di questi contratti e di contro riceve delle ricompense in Ether.

Il concetto di smart-contract è del tutto rivoluzionario poiché permette ai vari utenti di perfezionare degli accordi che vengono eseguiti in automatico nelle forme e nelle modalità prestabilite senza utilizzare degli intermediari e il tutto viene registrato sulla blockchain, consultabile anche in questo caso dalla totalità della rete. Praticamente la rete Ethereum, potrebbe essere utilizzata per perfezionare la vendita di beni mobili e immobili, nel mercato azionario, o per qualsiasi altro uso quotidiano, potendo quindi sostituirsi parzialmente o totalmente al lavoro di un notaio. Chiunque abbia padronanza nell'utilizzare il linguaggio informatico può creare il suo smart-contract e metterlo all'interno della rete Ethereum, operando su varie piattaforme distribuite sul web e pagando infine una piccolissima somma in Ether. Una volta pubblicato sulla blockchain lo smart-contract oltre che a essere esecutivo tra i soggetti che lo "sottoscrivono", potrà essere visionato, utilizzato e approvato da tutti gli utenti, dando quindi a esso la sua pubblicità e legittimità. Nel momento in cui il contratto è pubblicato sulla blockchain acquista legittimità poiché rimane indelebilmente registrato all'interno di essa e nessuna delle "parti" può negarlo essendo che centinaia di migliaia di nodi che detengono la blockchain di Ethereum confermerebbero la sua esistenza.

Nella vita quotidiana gli smart-contract potrebbero essere anche utilizzati quando un soggetto "A" deve periodicamente del denaro a un soggetto "B": pertanto il relativo smart-contract conterrebbe delle informazioni per cui "A" invia, ad esempio, il giorno 5 di ogni mese fino ad Agosto 2017 la somma di 2 ETH a "B". Così facendo il sistema elaborerebbe in automatico la transazione senza poter essere interrotto prima della data prestabilita, senza muovere un dito, senza intermediari e senza spese aggiuntive.

Bisogna precisare che su ogni blockchain è possibile far eseguire smart-contract ma attualmente quella Ethereum è la più affidabile e trasparente. L'unico limite di questo sistema è che comunque le "parti" di uno smart-contract non sono identificabili e quindi, ad esempio, sarebbe difficile stabilire se dietro un codice alfanumerico (con cui vengono identificati i vari wallet) si nasconde, ad esempio, un soggetto minorenne che non potrebbe quindi disporre eventualmente della vendita di un determinato bene.

In definitiva c'è da dire che molte aziende e nel particolare molte banche si stanno sempre più sensibilizzando a utilizzare il sistema degli smart-contract per la gestione dei pagamenti verso i loro utenti, pur non basandosi sulla blockchain di Ethereum ma su blockchain private ispirate a quest'ultima. L'utilizzo però di una blockchain privata può non garantire la stessa sicurezza che offre

Ethereum, in quanto se essa non è soggetta a un'ampia diffusione fra tanti utenti potrebbe essere facilmente manomessa non essendo sotto gli occhi di migliaia di persone che ogni giorno ne controllano la sua integrità. In termini pratici, i nodi Ethereum sono diffusi in tutto il mondo e nel caso uno o più nodi tentassero di manomettere la blockchain altri nodi verificherebbero l'irregolarità; di contro, una blockchain controllata da 100 nodi potrebbe essere manomessa se più del 50% di essi è d'accordo a comprometterla – un conto è mettere d'accordo più di 5mila nodi, un conto è mettere d'accordo 99 nodi -.

Chiunque voglia investire nel progetto Ethereum può farlo tramite il mining, il cloud-mining oppure può comprare direttamente la valuta da altri intermediari.

Il mining può risultare ancora produttivo anche sfruttando le potenzialità di un pc al passo con la tecnologia dei tempi e senza sprecare troppa energia elettrica, ma bisogna affrettarsi a farlo prima che diventi troppo difficile in un futuro abbastanza prossimo, vista la crescita e la diffusione che sta registrando la criptovaluta.

8. LE ICO (INITIAL COIN OFFERING) E LE DAICO

Altro argomento caldo del web è rappresentato dalle ICO. Quest'ultimo è l'acronimo inglese che sta per "offerta iniziale di valute" e che per tutti gli appassionati di investimenti in borsa corrisponde a una IPO (Initial Public Offering).

In termini pratici chi lancia una ICO non fa altro che presentare ai vari utenti sparsi per il mondo un progetto e richiede a essi un finanziamento. Gli utenti che, quindi, appoggeranno il progetto compreranno delle monete virtuali che i creatori offrono in cambio di Bitcoin o altre valute, fornendo quindi ai promotori un capitale che verrà teoricamente riutilizzato per la realizzazione di questo. Nel concreto, immaginiamo di voler proporre una nuova criptovaluta che si chiami OtherCoin, che si basi sullo stesso sistema di Bitcoin: anzitutto stabiliamo che il periodo di finanziamento abbia, ad esempio, la durata di un mese; che per acquistare un singolo OtherCoin servano 0,5 BTC; e che la quantità di OtherCoin inizialmente acquistabile sia pari a 500. Essenzialmente, sono questi gli elementi che vanno specificati al momento della creazione di una ICO:

periodo di finanziamento, valore della moneta, e quantità di monete inizialmente distribuite. Se qualcuno avrà dato fiducia al nostro progetto raccoglieremo una determinata quantità di Bitcoin che poi dovremmo investire per realizzare quanto promesso. Ammettiamo che il nostro progetto abbia avuto molte approvazioni a tal punto da raccogliere il capitale giusto per poterlo finanziare e quindi lo realizzeremo; molti utenti inizieranno a scambiare la nostra moneta e quindi la nostra moneta acquisirà valore nel tempo. Pertanto chiunque abbia finanziato il nostro progetto acquistando OtherCoin in cambio di BTC vedrà la propria criptomoneta aumentare di valore.

Da ciò si può intuire come investire in una ICO possa essere produttivo sia per chi in prima persona idea un progetto in quanto può scegliere, fra le altre cose, di detenere una quantità prefissata della moneta di sua creazione, sia per chi decide di finanziare un determinato progetto che gli sembra affidabile e avere in anteprima una quantità di monete che magari nel tempo potranno acquistare maggior valore.

Ma attenzione perché non è tutto oro quello che luccica. Diciamo innanzitutto che le ICO non sono regolate da alcuna norma di legge, almeno in Italia e in molti altri Paesi dell'Europa, nonostante molto spesso proporle significa ritrovarsi in poco tempo con quantità sproporzionate di denaro.

Molto spesso si è tentato di speculare su questo argomento, a tal punto che determinati soggetti proponevano delle ICO con grandi prospettive e una volta incassati i finanziamenti sparivano nel nulla. Si è tentato di porre rimedio a questi avvenimenti istituendo il cosiddetto "White Paper" (libro bianco) nel quale chi presenta una ICO deve indicarne nel dettaglio tutte le sue peculiarità, le sue caratteristiche tecniche, vantaggi e svantaggi, dando quindi all'utente una spiegazione più o meno esauriente del progetto e della sua applicazione concreta. Comunque l'introduzione di questo documento ha da un lato mitigato la creazione di vere e proprie truffe ma dall'altro, essendo che tutti siamo più o meno in grado di inventare o di scopiazzare qualcosa dall'uno o dall'altro sito web, non ha posto un definitivo rimedio al problema, anche perché non è scritto da nessuna parte il modo esatto di compilarlo, non per forza deve essere firmato con il proprio nome e non è quindi nulla di ufficiale.

Come bisogna fare, quindi, per riconoscere una vera ICO dalle fregature? L'unica risposta da dare a questa domanda è: l'intuito!

Potrei spendere centinaia di caratteri a dire che bisogna affidarsi ai feedback, al modo in cui il progetto viene descritto, ecc., ma purtroppo quando una materia è regolata dal nulla e non vi sono delle basi a cui appigliarsi, capite bene che è anche difficile discernere tra ciò che è buono e ciò che non lo è. Esistono, sì, degli accorgimenti da mettere in atto per evitare di cadere nelle truffe ma è pur sempre roba da nerd e chi avrà voglia di informarsi lo potrà fare tranquillamente su molti forum presenti sulla rete.

Come è stato appena evidenziato, il "difetto" principale del sistema che ruota attorno alle ICO è appunto la possibilità di diffondere facilmente delle criptovalute *scam* (fraudolente). Pertanto V. Buterin – fondatore di Ethereum- nel gennaio 2018 ha ideato una nuova forma di ICO che prende il nome di DAICO, con l'intento di porre rimedio alle varie frodi che si sono susseguite negli anni. L'acronimo DAICO è la fusione tra DAO (Decentralized Autonomous Organization) e ICO (Initial Coin Offering).

La DAICO è un vero e proprio contratto operante all'interno della rete di Ethereum (smart-contract), stabilito tra gli investitori e gli sviluppatori di un determinato progetto, mediante il quale i primi inviano degli Ether a questi ultimi per avere in cambio dei token ancor prima che vengano immessi sul mercato. Il tutto avviene in modo automatico, nel senso che viene gestito da uno smart-contract, il cui funzionamento deve essere reso noto a tutti i vari utenti fin dal momento della presentazione del progetto di criptovaluta.

Gli sviluppatori del progetto, che potenzialmente potrebbero raccogliere somme importanti di denaro, hanno la possibilità di prelevare mensilmente soltanto una cifra prestabilita del budget disponibile (per evitare speculazioni) e saranno gli investitori a deciderla mediante una votazione che richiede un determinato quorum. Gli investitori avranno anche il potere di optare per la distruzione dello smart-contract che regola la DAICO nel caso in cui ritengono che il progetto sia fallimentare, in modo che le somme finanziate ritornino proporzionalmente nelle loro mani.

L'innovazione più importante è rappresentata dalla democraticità e quindi dal potere decisionale che è tutto nelle mani degli investitori. Però la nota negativa di questo sistema è rappresentata dal fatto che eventuali investitori malintenzionati potrebbero incidere negativamente sull'andamento di un progetto potenzialmente valido.

Bisogna sottolineare che, ad oggi, le DAICO non hanno sostituito le ICO, ma si sono aggiunte ad esse. Fin quando non ci saranno delle norme chiare e precise in materia bisogna essere consapevoli che ognuno è libero di scegliere la strada più opportuna per finanziare il proprio progetto.

9.   IL POTENZIALE DI CRESCITA DI BITCOIN, LITECOIN ED ETHEREUM.

Ai giorni d'oggi il mondo delle monete virtuali è popolato da centinaia di criptovalute e alcune di essi stanno registrando una crescita a dir poco esponenziale. Attualmente quelle che sembrano avere un andamento che punta nettamente alla crescita sono Bitcoin, Litecoin ed Ethereum.

Bitcoin inizialmente era stato progettato con l'intento di diventare nel giro di pochi anni il principale mezzo di pagamento utilizzato dalle banche e poi da tutto il sistema economico. Al momento questo progetto può dichiararsi fallito in quanto determinati limiti, che possono essere principalmente rintracciati nella lentezza delle transazioni causata dall'intasamento della blockchain (che ha anche causato un innalzamento delle fee per l'approvazione dei vari scambi di BTC), hanno impedito una così grande rivoluzione. In ogni caso molti utenti hanno puntato e continuano a puntare sulla regina delle criptovalute per tre motivi fondamentali: la sicurezza del sistema blockchain, la completa privacy che offre l'intero sistema Bitcoin che permette di eseguire delle transazioni anonime (come anonimo rimane l'indirizzo di ogni wallet) e il fatto che essa potenzialmente non è soggetta ad alcun tipo di tassazione. Sicuramente anche l'andamento rialzista sul mercato ha reso appetibile la moneta a parecchi altri investitori che, investendo del denaro all'interno della rete Bitcoin, hanno contribuito a rendere più solido e più ricco l'intero sistema. Molti ipotizzano che Bitcoin sia una bolla speculativa, ma al momento non ci sono i presupposti per dimostrare che sia così, anzi tutt'altro. Il mondo, ogni giorno, si sta aprendo a questa nuova tecnologia tanto che molte attività commerciali stanno iniziando ad accettare pagamenti in Bitcoin, a installare nei propri locali dei distributori della criptovaluta e a invogliare quindi i clienti ad aprirsi all'innovazione. E come ben sappiamo, maggiore è la richiesta di un bene, maggiore sarà anche il suo valore. Di conseguenza maggiori saranno le transazioni prodotte dalla rete Bitcoin, maggiori saranno gli utenti che investiranno all'interno di questo mondo e più il suo valore punterà verso l'alto. Ad oggi sono veramente poche le attività commerciali che accettano pagamenti in Bitcoin e "poche" sono le persone sul globo che sanno come utilizzare questa tecnologia e già il suo valore he raggiunto picchi pazzeschi, figuriamoci quando gran parte della popolazione mondiale si aprirà a esso cosa potrà succedere. Attenzione a non farsi troppe illusioni in quanto gli ostacoli sono sempre dietro l'angolo e uno dei più grandi ostacoli del Bitcoin può essere rappresentato dall'autorità statale. Come abbiamo potuto osservare negli ultimi mesi i divieti imposti dalla Cina e da altri Paesi non hanno fatto che incidere negativamente sul suo valore: non solo gran parte dei cinesi è uscita dal mercato vendendo il capitale di criptovalute accumulato, ma in più dal mercato ci è uscita anche una grande fetta di utenti, assalita dalla paura di vedere dissolversi nel nulla i suoi guadagni.

Bisogna sempre essere vigili su ciò che accade attorno a noi per poi agire di conseguenza e soprattutto non bisogna mai investire più di quanto non si è disposti a perdere poiché ogni investimento è un rischio, una scommessa. Mai investire tutti i risparmi soprattutto su un qualcosa che oggi può portarti alle stelle e domani potrà farti precipitare nel baratro più profondo, perché è anche vero che Bitcoin sta dimostrando di essere ben saldo sul mercato ma è pur sempre una moneta "volatile" che di minuto in minuto può essere anche soggetta a delle svalutazioni.

Con questo non voglio mettere paura a nessuno, anzi credo che in questo momento Bitcoin sia un qualcosa in grado di farci fruttare dei guadagni discreti, ma voglio frenare l'impulsività di chi potesse pensare di investire i guadagni di una vita su di esso convincendosi sia un investimento sicuro al 100%: sia chiaro, di assolutamente sicuro non c'è nulla! E' un rischio anche lasciar giacere i propri soldi in una banca, figuriamoci, quindi, se possa essere sicuro un investimento in criptovalute.

Menzione a parte meritano Litecoin ed Ethereum perché potrebbero essere i Bitcoin del futuro. Litecoin attualmente ha colmato la più grande lacuna di Bitcoin ovvero la lentezza delle transazioni e pertanto sta trovando l'approvazione di gran parte degli utenti. Nell'ultimo anno ha registrato una crescita spaventosa e il mercato sembra dargli sempre maggiore fiducia (a parte il momento attualmente negativo per tutte le criptovalute), per questo può essere etichettata come una criptovaluta potenzialmente valida per candidarsi ad una rapida ascesa. Lo stesso vale per Ethereum che ha introdotto il concetto, precedentemente delineato, di smart-contract che sembra sia una tecnologia che piace a tante aziende. Altro punto forte di Ethereum è la bassa difficoltà nel poterlo minare e tanti miner si stanno sempre di più attrezzando per potersi accaparrare quanti più Ether possibili prima che sia troppo tardi. Come per Litecoin, il mercato crede anche in Ethereum in quanto il suo progetto è credibile e applicabile per risolvere tanti problemi pratici, per questo investire su di esso può rivelarsi molto produttivo nel lungo periodo.

Mai perdere di vista, però, altre criptovalute come Dashcoin, Bitcoincash, Tron, Stellar, che giorno dopo giorno si ritagliano sempre di più una fetta di importanza sul mercato. Date sempre un occhiata ai vari siti ufficiali delle varie criptovalute, leggete le innovazioni che propongono e valutate se possano essere interessanti, non solo ai vostri occhi ma anche confrontandosi con altri utenti. I feedback in questo mondo sono essenziali e di vitale importanza se si vuole fare la scelta giusta.

10. PIATTAFORME WEB DI MINING E WALLET.

Abbiamo finora discusso in linea generale degli argomenti chiave che permettono di acquisire una conoscenza di base del mondo delle criptovalute.

Fondamentalmente il centro dell'universo delle criptovalute è rappresentato dai wallet, ovvero dai portamonete che contengono questo genere di valute.

Esistono un'infinità di wallet sia web, hardware che software ed è importante capire a quali ci si può affidare e a quali no.

Partendo dai web-wallet, tra i più sicuri della rete possiamo annoverare Blockchain-wallet e Coinbase. Entrambi ci permettono non solo di detenere al loro interno vari tipi di criptovalute ma fungono anche da exchange, consentendo quindi di acquistare e vendere in cambio di moneta reale diverse criptovalute. C'è da sottolineare però che né Coinbase, né Blockchain ci danno accesso alle nostre chiavi private, pertanto se le piattaforme da un giorno all'altro dovessero chiudere, per qualsiasi motivo, non sarà più possibile recuperare quanto depositato al loro interno. Detenere e quindi salvare la propria chiave privata, se nota, è indispensabile per poter eventualmente recuperare, un giorno, le somme che depositate sul wallet.

Comunque in linea di massima entrambe le piattaforme appena citate hanno dimostrato finora massima sicurezza e massima affidabilità e, a parte qualche limite, sembrano offrire un servizio abbastanza efficiente: i pagamenti vengono elaborati più o meno velocemente, adottano dei sistemi di sicurezza per proteggere gli account difficilmente raggirabili, applicano delle commissioni piuttosto basse per gli spostamenti di denaro e permettono, tra le altre cose, di invitare degli amici a usufruire del servizio in cambio di un bonus in Bitcoin. Tra i software-wallet di Bitcoin (poco diffusi sono quelli di Litecoin, Ethereum, ecc.) senza dubbio quello che sembra essere un passo più avanti rispetto a tutti gli altri è Bitcoin core, che permette tra le altre cose di far funzionare il proprio pc come un nodo Bitcoin. Possedere un wallet del genere significa sacrificare parecchi GB del proprio hard-disk poiché dopo averlo installato è necessario che questo scarichi l'intera blockchain dal 2009 fino ad oggi. Seppur comporta qualche sacrificio, un wallet-software rappresenta un posto più sicuro dove accumulare le proprie valute digitali anzitutto perché permette di avere accesso alla chiave privata e quindi in ogni momento, ad esempio nel caso in cui venga formattato il pc, è possibile recuperare il totale accumulato all'interno di esso.

Tra i wallet-hardware quelli più diffusi sono marchiati Trezor e Ledger. Questo genere di wallet permette un livello di sicurezza massimo e ed è consigliato nel caso in cui le somme da depositare sono importanti. Nella maggior parte dei casi sono attrezzati non solo per custodire Bitcoin ma anche altre valute come Litecoin ed Ethereum. Possono risultare però "scomodi" nel momento in cui si decide di convertire quanto si detiene in denaro reale, in quanto è necessario rivolgersi a degli exchange sulla rete, non contenendo un servizio diretto di scambio (come d'altronde succede anche per i wallet-software).

Tutt'altro discorso è invece l'attività di mining. Sono ormai infiniti i portali sul web che offrono l'opportunità di minare varie criptomonete. In questo campo bisogna stare parecchio attenti perché sono davvero tanti i siti che offrono mining e nella stragrande maggioranza dei casi si tratta di truffe. Attualmente quelli più utilizzati e più affidabili in quanto pagano realmente sono

Crypto mining farm, Hashflare e Genesis mining.

Crypto mining farm è probabilmente quello più completo e più facile da utilizzare. Permette anzitutto di sottoscrivere contratti di mining di 3 mesi, 6 mesi, 1 anno, 3 anni, 15 anni e a vita e per ogni tipo di contratto variano i prezzi di acquisto degli hash di potenza. Non prevede costi di mantenimento dell'utenza, anche se comunque i prezzi sono leggermente più alti rispetto agli altri. Permette di minare Bitcoin e Tether (USDT) e la cifra minima di ritiro è fissata per i Bitcoin a 0,01 e per i Tether a 15,00.

Ultimamente è stata inserita anche la possibilità di dedicarsi al mining di Ether.

Elemento da non trascurare è il supporto tecnico al quale ci si può rivolgere per qualsiasi tipo di problema tramite un'e-mail.

Altra piattaforma più o meno affidabile è Hashflare, anche se in quest'ultimo anno è stata oggetto di parecchie critiche. Inizialmente, una volta iscritti e dopo aver acquistato degli hash di potenza, gli utenti automaticamente sottoscrivevano un contratto di mining valido 3 anni, però a settembre 2017 l'azienda ha deciso unilateralmente di rendere validi i contratti per un solo anno, sia per i vecchi utenti sia per i nuovi, non dando la possibilità a chi aveva in origine sottoscritto un contratto per 3 anni di poter recedere o comunque di poter recuperare in tutto o in parte il capitale investito se non avesse voluto più accettare questa restrizione. Lo stesso è successo per quanto riguarda le somme minime di prelievo: all'inizio il minimo prelevabile era di 0,005 BTC e ora hanno coattivamente stabilito che il minimo sia 0,01 BTC, promettendo però di ripristinare il vecchio limite nel minor tempo possibile. In linea generale, però, la piattaforma è ben sviluppata e molto intuitiva da utilizzare. Offrono mining non solo di Bitcoin ma anche di Litecoin, Ethereum, Dashcoin ecc., dando tra l'altro la possibilità di scegliere giornalmente su quale pool concentrare in tutto o in parte la propria potenza di calcolo. Molti utenti hanno registrato notevoli ritardi nei pagamenti ma questa è una situazione che attualmente interessa tutti i siti di mining poiché la somma di transazioni giornaliere, soprattutto di Bitcoin, è molto consistente e la loro elaborazione è di conseguenza più lenta. Per utilizzare Hashflare è necessario fare anche i conti con le spese di mantenimento della propria utenza che variano a secondo delle monete che si vanno a minare, ma in linea di massima le commissioni giornaliere corrispondono a pochi centesimi di euro.

Altro sito molto rinomato sul web è Genesis mining, affidabile, pagante ma con commissioni da pagare abbastanza elevate. Anche qui è possibile effettuare mining di varie criptovalute ed è possibile scegliere fra svariati tipi di contratti prestabiliti oppure decisi autonomamente. L'interfaccia grafica del sito si presenta più complessa rispetto alle altre e le varie sezioni presenti, per poter essere utilizzate al meglio, richiedono un livello intermedio di conoscenze sul mondo delle criptovalute. Esistono tra l'altro dei limiti minimi di prelievo, come per gli altri siti, che variano in base alla valuta digitale che si va a minare.

In linea di massima sono questi i tre siti web più gettonati e quindi più affidabili dopo essere stati verificati da centinaia di migliaia di utenti. Più o meno i prezzi per l'acquisto di potenza di calcolo variano di poco a secondo del sito scelto, pertanto se qualcuno offre mining a prezzi molto più bassi rispetto ai siti più noti o addirittura a cifre irrisorie bisogna diffidare perché nel 99,99 % dei casi si tratta di una truffa.

11. LA CRISI DI INIZIO 2018, IL MODO SBAGLIATO DI INVESTIRE E L'INNOVAZIONE DELLA LIGHTNING NETWORK.

Come ben sappiamo, il 2018 non è iniziato al meglio per Bitcoin e per il resto delle criptovalute. I picchi toccati sul finire del 2017 sembrano essere un lontano ricordo e il sistema generale delle crypto sembra quasi andare verso il collasso di giorno in giorno. Le cause di tutto ciò vanno anzitutto ricercate nei divieti (assoluti o parziali) imposti nei confronti delle valute digitali da vari governi del globo, nell'incertezza vigente all'interno di questo mondo, che spinge gli investitori ad essere diffidenti e dalla paura nutrita da gran parte degli utenti che operano nelle crypto di subire gli effetti di misure legislative sempre più restrittive. Un fatto molto importante da non sottovalutare è il seguente: sul finire del 2017 molte persone – spesso disinformate e bramanti di guadagni facili – sono entrate nel mercato di Bitcoin investendo cifre importanti con l'unico intento di speculare, ovvero di acquistare ad un prezzo più basso per vendere ad un prezzo più alto (per guadagnare). Si tratta di soggetti che potenzialmente convivono con Bitcoin (o altre valute digitali) per un breve periodo e poi escono dal mercato riconvertendo il tutto in moneta fiat. Questa operazione è del tutto dannosa per il mercato delle criptovalute – che funziona seguendo il principio secondo il quale maggiori sono i capitali investiti maggiore sarà il loro valore e viceversa- perché produce degli balzi in alto di valore in breve tempo che poi si trasformano in balzi verso il basso, nel medesimo tempo.

Esiste una differenza abissale tra investire (nel vero senso della parola) in crypto e dedicarsi al mero trading. Concettualmente parlando, chi investe lo fa perché crede nei principi portati avanti dalla criptovaluta su cui punta e la utilizza per i fini per cui è stata creata; chi fa trading è perché vuole speculare soltanto sul valore di un determinato bene e lo può fare affidandosi a strumenti finanziari diversi rispetto alle criptovalute vere e proprie, magari operando tramite i cosiddetti CFD.

A mio avviso il fattore speculazione ha inciso parecchio sul crollo in quanto molta gente che ha investito sul finire del 2017 ha voluto subito incassare i propri guadagni convertendo subito in moneta fiat.

Un elemento che avvalora questa tesi è il fatto che Bitcoin non è mai riuscito a scendere sotto una determinata soglia, rappresentata dai 5000 euro. Ciò può significare che esiste uno "zoccolo duro" di investitori che non vende i propri Bitcoin neanche nei momenti peggiori.

Ma perché quando parliamo di criptovalute, finiamo sempre per parlare di Bitcoin e anche se la crisi ha interessato tutti gli elementi che compongono questo mondo, prendiamo come riferimenti sempre il suo valore? Storicamente Bitcoin è la criptovaluta più "anziana" e rappresenta la "chiave di violino" che fa "suonare" tutte le crypto. Mi spiego: partiamo dal presupposto che le varie notizie (positive o negative) influenzano di gran lunga l'andamento dei mercati. Delle piccole crypto si sente parlare poco o niente, mentre Bitcoin – che è la valuta più conosciuta – viene sempre presa come riferimento sia da parte dei media, sia da parte della politica e delle varie autorità. Pertanto il diffondersi, ad esempio, di un divieto o di un particolare provvedimento legislativo ai danni di Bitcoin non fa altro che seminare il panico fra gli investitori che, nella maggioranza dei casi, optano di abbandonare il mercato, a favore delle monete fiat, rinunciando molto spesso di investire in altre criptovalute temendo che esse possano subire la stessa sorte toccata alla madre delle valute digitali.

Quello che stiamo vivendo oggi è un momento di grande incertezza: ormai tutte le autorità dei maggiori stati del mondo vigilano sulle criptovalute e in alcuni casi non sono da escludere colpi di scena (sia positivi che negativi). Se dobbiamo dirla tutta il rischio non piace a tante persone che quindi preferiscono lanciarsi su altri mercati. A mio avviso, almeno in Europa, si respira uno spirito del tutto "liberale" sulla materia in questione. Lo stesso Mario Draghi (Presidente della BCE) ha escluso la possibilità di interventi economico-finanziari volti a distruggere o a denigrare il fenomeno delle criptovalute, in quanto rappresenta potenzialmente un fattore di crescita sociale. D'altronde sarebbe impensabile distruggere un qualcosa che sta assumendo proporzioni enormi e che sta raggiungendo sempre più approvazione fra privati e aziende.

E' anche vero che bisogna chiedersi che senso ha Bitcoin se alla fine ciò che viene enunciato nel White Paper di S. Nakamoto è diventato qualcosa di astratto e di inattuabile (almeno ai giorni d'oggi): la rete è abbastanza lenta e le fee sono divenute molto più esose. Senza dubbio se la situazione rimarrà tale a lungo sarà necessario intervenire con una modifica del protocollo di funzionamento.

A tale proposito si è pensato di introdurre la cosiddetta *Lightning Network.* Essa si preoccuperà di semplificare i protocolli che gestiscono le varie transazioni, con l'intento di rendere la rete più dinamica e veloce. Essa permetterà, ad esempio, a due utenti di creare un "canale" di pagamento su cui scambiarsi Bitcoin: le transazioni scambiatesi di volta in volta non verrebbero registrate tutte sulla blockchain, ma su di essa andrebbe ad essere registrato soltanto il saldo iniziale degli utenti che decidono di utilizzare lo stesso canale e quello finale, al momento della chiusura di quest'ultimo. Ciò alleggerirebbe di gran lunga il peso della

blockchain che ogni giorno registra migliaia e migliaia di transazioni.

Staremo a vedere se ciò si realizzare nel lungo o nel breve termine. La realtà è che se ne parla già da parecchio tempo e ad oggi ancora non si è visto nulla del genere.

12. LA MIA ESPERIENZA NEL CAMPO E CONSIDERAZIONI GENERALI.

Dopo aver raggiunto un livello di conoscenza discreto del mondo in questione, è giunto il momento di spendere qualche parola che riguarda sia la mia esperienza e sia l'intero sistema delle criptovalute.

La prima volta che ho avuto modo di apprendere dell'esistenza di questa grande invenzione tecnologica il calendario segnava gennaio 2017: mi trovavo a fare un giro in macchina con degli amici, quando uno di loro ha iniziato a parlare di Bitcoin e del suo valore che si aggirava attorno agli 800 €, dei guadagni che giravano attorno a questa nuova moneta e della possibilità di poterla coniare autonomamente senza il controllo di un ente centrale. Se devo dire la verità inizialmente ho preso con le pinze quanto mi è stato detto e ho fatto fatica a pensare che potesse mai esistere un qualcosa che, in qualche modo, avrebbe potuto sfuggire al controllo dell'autorità statale. Pertanto ho freneticamente iniziato le ricerche necessarie per ottenere dei feedback positivi o negativi, ma forse per mancanza di impegno o forse perché il materiale disponibile sul web non era così illuminante ho subito abbandonato l'ipotesi di poter investire in questo campo non rilevando segnali confortanti o comunque materiale che mi trasmettesse influssi positivi. Successivamente, però, durante il tempo libero dei giorni estivi ho deciso di riprendere lo studio delle criptomonete e ho subito notato come il valore del Bitcoin, in particolare, avesse raggiunto i 2000 €. Sicuramente vedere questo salto di qualità mi ha indotto a cercare con frenesia delle informazioni utili che mi portassero a conoscere la sua natura, il suo funzionamento e le opportunità di investimento. Le ricerche mi tenevano sveglio fino a tarda nottata e nel giro di pochi mesi ho avuto modo di far girare una parte dei miei risparmi su decine e decine di wallet e su piattaforme di cloud-mining, senza contare poi i vari software e i vari metodi sperimentati per minare criptovalute direttamente con il mio pc, che però si sono rivelati del tutto fallimentari. In questo momento vi starete chiedendo il motivo per il quale io abbia speso, seppur in piccola parte, prezioso denaro da far girare tra cloud-mining e vari wallet. La risposta è semplice: per verificare con i miei occhi quanto fosse affidabile investire in questo nuovo mondo e per individuare quali erano i servizi più sicuri e quindi utilizzabili nell'ottica di investire somme di denaro importanti.

Per chi come me non ha ancora un lavoro e studia all'università è dura reperire qualche risorsa da poter investire, pertanto dopo aver raccolto i feedback necessari per individuare il modo in cui operare, l'unica cosa che mancava era il capitale. Inizialmente, non potendo mica rubare, avevo deciso di utilizzare i soldi provenienti dall'unica attività retribuita che attualmente svolgo, ovvero l'arbitro di pallavolo. Trattandosi, però, di guadagni parecchio modesti e che non arrivano con cadenza mensile, decidevo di introdurre il discorso a miei genitori per sapere come la pensavano. E' inutile dire che dinnanzi a parole come Bitcoin, blockchain, mining, ecc., a primo impatto la faccia di mio padre esprimeva chiaramente confusione e stupore allo stesso tempo e più il tempo passava più tentavo di semplificare questo complicato discorso. In realtà non so se mio padre abbia mai capito del tutto di cosa stessi parlando, ma dopo una buona oretta di discussione aveva deciso di darmi fiducia e di concedermi il capitale che mi serviva. Non me lo sarei mai aspettato, eppure è andata così.

In questa avventura ci entravo ufficialmente a settembre 2017, forse un po' troppo tardi rispetto a quando il valore di Bitcoin era di soli 800 €, o forse non troppo considerando che da settembre a oggi il suo valore è aumentato parecchio. Avevo destinato anche una somma da investire in Litecoin e finora sia l'uno che l'altro investimento sembrano azzeccati. Ma mai dire mai! Dico questo perché non bisogna mai farsi trascinare dall'onda positiva che investe le criptovalute, perché nell'ipotesi peggiore il loro valore potrebbe calare rovinosamente da un giorno all'altro. Per questo il mio consiglio è quello di investire non tutti i risparmi bensì solo quanto si è disposti eventualmente a perdere. Prima di destinare una parte dei propri guadagni a un investimento bisogna sempre chiedersi: "Nel caso in cui andasse male quanto inciderebbe la perdita sulla mia vita?", "Sarei disposto ad accettare, seppur a mal in cuore, che questa somma di denaro andasse persa?". Mai farsi guidare da spinte troppo impulsive e mai investire tutto su un singolo progetto: bisogna guardarsi intorno, documentarsi e prendere in considerazione ogni opportunità. Nel mondo delle criptovalute le opportunità sono tante ma quelle redditizie nel tempo sono limitate e per poterle identificare è necessario rimanere sempre al passo con il mercato, la tecnologia e l'informazione.

Nel momento in cui sto scrivendo se potessi fare un'istantanea dello schermo del mio pc ci trovereste decine di pagine che contengono informazioni, statistiche e news che riguardano il mondo delle criptovalute e in particolare di Bitcoin che sta attraversando un momento parecchio "difficile", se così si può definire. Sul finire del 2017 sono stati frequenti gli attacchi hacker a vari portali di cloud-mining e a varie valute tipo Tether (che è una moneta complementare a Bitcoin) che hanno fatto scomparire dai wallet di migliaia di persone capitali abnormi. Proprio per questo, penso che attualmente la più grande falla di Bitcoin e di molte altre valute sia il livello di sicurezza che offrono. Di certo bisogna anche capire in che modo le varie aziende di cloud-mining mettono al sicuro i guadagni di chi investe e se questi sistemi di sicurezza siano più o meno vulnerabili. Ma d'altro canto bisogna iniziare a pensare che l'anonimato garantito agli utenti all'interno della blockchain di Bitcoin e di altre criptovalute sia un'arma a doppio taglio in quanto sarebbe complicatissimo o addirittura impossibile risalire a chi compie un eventuale furto.

Altro problema riguarda gli exchange in quanto nella maggior parte dei casi non si hanno notizie su come vengono gestiti, su chi li gestisce e su come si alimentano.

Senza dubbio il grattacapo più grande riguarda Bitcoin a causa dei difetti riportati nel capitolo precedente. Di certo non sono un tecnico informatico né un genio che vuole proporre assurde idee che sarebbe impossibile concretizzare ma credo che, per far si che questa moneta digitale si espanda a macchia d'olio anche tra aziende e banche, sia necessario intervenire anzitutto dando maggiore sicurezza all'intero sistema. Il rischio più grande che si sta correndo in tutta questa incertezza è quello di far intervenire sempre più duramente le varie autorità statali: d'altronde se tanta gente reclama furti di capitali, faglie nella sicurezza e truffe varie, prima o poi qualcuno getterà la scure contro l'intero sistema .

E' molto importante sottolineare, però, come si stia pensando di introdurre la tecnologia della blockchain all'interno di banche e altre attività commerciali. Quindi, non solo l'avvento di questo nuovo mondo ci ha dato la possibilità di poter guadagnare investendoci ma ha dato anche una svolta tecnologica alle varie attività, che avranno un spunto importante da cui trarre parecchi insegnamenti.

Per concludere vi invito comunque a contribuire allo sviluppo di questa fantastica tecnologia anche senza investire ma documentandovi, facendovi un'idea e magari tentando di trarre spunti importanti per i vostri progetti futuri. Tutto ciò che è nato nel 2009, comunque vada, sarà sempre destinato a lasciare un segno indelebile nella storia dell'umanità perché è stato creato un nuovo modo di concepire il denaro e l'economia in generale. Cosa sarà di Bitcoin e di altre criptovalute tra 5, 10, 100 anni? Chi vivrà vedrà –cit.-.

LE CRIPTOVALUTE

Segui tutti gli aggiornamenti sul mondo delle criptovalute sul sito web:
www.le-criptovalute.com
e sulla pagina Facebook:
www.facebook.com/CryptocurrenciesV

NON DIMENTICARE DI RECENSIRE POSITIVAMENTE O NEGATIVAMENTE IL MIO LIBRO.
L'OPINIONE DEI LETTORI, PER ME E PER LA MIA CRESCITA, E' MOLTO IMPORTANTE E RAPPRESENTA IL MODO PRINCIPALE PER RIUSCIRE A RINTRACCIARE I MIEI PREGI E I MIEI DIFETTI DA AUTORE.

Grazie.

LE CRIPTOVALUTE

www.ingramcontent.com/pod-product-compliance
Lightning Source LLC
Chambersburg PA
CBHW052325220526
45472CB00001B/277